AF268052

INSTITUTION SAINT-JEAN
SAINT-QUENTIN

DU PATRIOTISME
CHRÉTIEN

DISCOURS PRONONCÉS A LA DISTRIBUTION DES PRIX

LE 2 AOUT 1879

Par M. l'Abbé MATHIEU

Curé - Archiprêtre de Saint-Quentin, Vicaire Général honoraire

Et par M. l'Abbé DEHON

Chanoine honoraire, Supérieur de l'Institution

SAINT-QUENTIN
Imprimerie du CONSERVATEUR DE L'AISNE

rue Saint-Jacques, 5. (contre la Halle aux Grains).

INSTITUTION SAINT-JEAN

SAINT-QUENTIN

DU PATRIOTISME
CHRÉTIEN

Discours prononcés a la Distribution des Prix

LE 2 AOUT 1879

Par M. l'Abbé MATHIEU

Curé-Archiprêtre de Saint-Quentin, Vicaire Général honoraire

Et par M. l'Abbé DEHON

Chanoine honoraire, Supérieur de l'Institution

SAINT-QUENTIN

Imprimerie du CONSERVATEUR DE L'AISNE

rue Saint-Jacques, 5. (contre la Halle aux Grains).

DU PATRIOTISME CHRÉTIEN

DISCOURS

DE

M. LE CHANOINE DEHON

M. L'ARCHIPRÊTRE,

Nous espérions saluer aujourd'hui en Monseigneur le représentant vénéré de Dieu et de l'autorité apostolique en même temps que le plus honoré des pères et le plus aimé des bienfaiteurs.

Mais puisque les charges de l'épiscopat et les fatigues de sa santé nous privent de sa présence si chère, nous vous prions de lui transmettre les sentiments dévoués de nos cœurs, et nous le remercierons de notre côté de ce qu'il a choisi pour le remplacer celui qui est comme le second ministre des bontés de Dieu envers nous et qui a pour notre œuvre bien-aimée les entrailles d'un père autant que le cœur d'un ami.

MESSIEURS,

A cette heure où l'éducation chrétienne est tant calomniée, je pourrais être tenté de prendre le ton de la polémique et de faire l'apologie de notre œuvre. Mais je viendrais tard dans ce combat, et j'aurais l'air de frapper un ennemi qui, devant la raison et le bon sens, a reçu cent blessures mortelles et n'est plus capable de se relever.

Il est arrivé à ces assaillants de l'Eglise ce qui arrive au prétentieux lépidoptère qui a eu le malheur et le tort de pénétrer dans l'intérieur d'une ruche. En un instant, il est cerné, percé, roulé, enveloppé de cire, et précipité au dehors.

Devant les intelligences sincères, la cause de l'enseignement chrétien est jugée. A coup sûr je perdrais ma peine en la plaidant aujourd'hui devant cet auditoire d'élite.

Je préfère donner devant vous à nos enfants, sous une forme plus solennelle, une de ces leçons qui constituent le fond de notre enseignement quotidien.

Sous aucun rapport nous ne redoutons le grand jour. Le vrai, le beau et le bien sont faits pour la lumière. Nous avons la conscience de les cultiver. C'est notre honneur de le montrer.

Cette leçon, en voici le thème : le patriotisme reçoit de la foi son plus bel éclat et sa plus grande puissance.

I

Qu'est-ce que la patrie?

Pour le commun des hommes, la patrie est le champ que déchire la charrue et qui donne au moissonneur le grain dont il se nourrit ; la patrie est la maison qui abrite la famille ; les bois qui bornent l'horizon ; le fleuve qui arrose la plaine ; les villages épars sur les coteaux voisins.

La patrie va même au-delà ; elle s'étend

jusqu'aux frontières et renferme dans son sein de grandes cités, de riches établissements industriels, de savantes écoles et de brillantes académies. La patrie a son histoire et ses glorieux souvenirs. Tous les hommes aiment la patrie : elle donne le bonheur, le plaisir, la richesse.

Nescio qua natale solum dulcedine cunctos
  Ducit, et immemores non sinit esse sui.

OVIDE.

Pour le chrétien, c'est plus que cela.

Pour lui le champ porte la bénédiction de Dieu ; le lien de la famille est l'effet d'un sacrement ; le foyer est un sanctuaire de prières ; le temple est là qui unit les membres de la cité dans la charité. Pour le chrétien, le sol de la patrie a été trempé du sang des martyrs ; il porte les monuments des œuvres de ses pères ; sa race a auprès de Dieu des ambassadeurs qui sont ses saints, et son histoire des faits d'armes qui sont les luttes de la patrie pour son Dieu.

Non, la foi n'éteint pas l'amour de la patrie ; elle l'éclaire et le fortifie, comme elle élève et grandit tout ce qui est noble et bon dans la nature.

L'homme religieux aime sa patrie en Dieu. Si elle n'a pas la vraie foi qu'il a la conscience de posséder, il s'efforcera de l'y conduire par sa parole, par ses œuvres, par ses prières et par ses larmes ; il sera prêt à donner son sang pour elle.

Entendez St Paul : « Je dis la vérité dans le Christ, je ne mens pas, ma conscience me rend témoignage dans l'Esprit-Saint : j'ai dans le cœur une tristesse grande et une douleur qui ne cesse pas ; car je souhaite d'être séparé du Christ par l'anathème, en faveur de mes frères qui sont mes parents selon la chair, qui sont israëlites, de qui est l'adoption des enfants, et la gloire, et le testament, et la législation, et le service, et les promesses ; de qui sont les pères, de qui est le Christ selon la chair, le Christ, Dieu béni par-dessus toutes choses dans les siècles des siècles. »

Saint Paul nous donne à la fois une leçon et un exemple de patriotisme.

La patrie, dit-il, c'est une grande famille, ce sont mes frères, mes parents selon la chair ; la patrie juive pour lui c'est plus que cela, c'est le peuple choisi de Dieu, le peuple des patriarches, le peuple de l'alliance, de l'arche sainte, des miracles divins, des prophéties, de la promesse et du Rédempteur, c'est le peuple de Dieu et du Christ.

J'ai entendu le Nubien presque inculte me dire : la patrie c'est le Nil avec les palmiers de ses rivages.

Le Romain est fier de son sang, qui est aussi un don de Dieu et de sa foi, que lui apportèrent les apôtres ; sa patrie c'est, avec ses collines riches de traditions, et les ruines de son art antique qu'il ne dédaigne pas, la chaire et le sépulcre de Pierre, les catacombes, les basiliques et tous les trésors sacrés de la religion.

La Pologne ne sépare pas de l'amour de ses plaines et de la fierté de sa race le souvenir de Miécislas son premier roi chrétien, de Jagellon, de l'évêque Stanislas, son glorieux martyr, de Sobieski le héros dont

Dieu se servit pour arrêter l'invasion musulmane.

Pour l'Irlande, la patrie, ce ne sont pas seulement ses humides prairies et ses montagnes basaltiques, c'est le grand Patrick son apôtre, ce sont ses vieux monastères qui en avaient fait l'île des saints, ce sont les ancêtres qui ont lutté contre l'asservissement national, c'est l'ardent orateur O'Connel qui obtint à force d'éloquence le bill de l'émancipation.

O France, notre patrie, qu'es-tu pour nous ? La terre de nos aïeux, Francs ou Gallo-romains ; la terre qu'ils ont choisie, la terre où les conduisit la Providence.

Tu es le sol qui nous a nourris, le lieu où nous avons trouvé l'abri et le vêtement ; le champ des luttes et des victoires de nos ancêtres. Tu as bien d'autres charmes que ceux d'une patrie commune. Si tu n'étais pas mon pays de naissance, tu serais mon pays d'adoption.

J'ai visité les trois continents du vieux monde. J'ai parcouru l'Europe de Constantinople à Dublin, j'ai vu le Bosphore et la Corne d'Or, les grands fleuves de l'Allemagne, les fiords et les forêts de la Norwége, les canaux de la Hollande, les cités industrielles de l'Angleterre, les paysages de l'Ecosse, l'Espagne et ses églises, l'Italie, son beau ciel, ses ruines et ses musées, et je proclame que tu restes pour moi le plus beau des royaumes après celui du ciel.

N'as-tu pas les grands sites des Alpes et des Pyrénées, l'Océan à l'ouest et la Méditerranée au midi, les riches cultures et les grandes industries de la Flandre, les prairies et les plages de la Normandie, la Bretagne à l'esprit sévère, aux mœurs primitives, la Touraine et ses monuments, la Bourgogne et sa côte d'or, la Provence et ses baies toujours embaumées où règne un printemps perpétuel ?

J'aime tout cela en toi. Tout cela charme mes yeux, mais je m'élève plus haut, j'ouvre l'histoire et je découvre une alliance indissoluble entre ce sol et les hommes de notre race qui l'ont défriché, défendu, cultivé, enrichi, orné, marqué de leur cachet et pour ainsi dire animé de leur vie.

Je m'émeus à la vue de cent périls encourus et je salue tes défenseurs glorieux, le gaulois Vercingétorix, Clovis et Charlemagne, Louis IX, Charles V, Bayard, Duguesclin, Jeanne d'Arc, François 1er, Louis XIV et son incomparable cortége.

J'admire ta richesse et je salue les grands moines qui t'ont défrichée, les abbayes qui les premières ont protégé les laboureurs et les grands ministres de la paix, Suger Sully, Colbert.

Je m'élève encore et je te vois briller au premier rang dans toutes les gloires de l'esprit, dans toutes les branches de l'art et tous les genres de la littérature. Je trouve en toi comme deux génies et comme un double peuple. Le cours de ton histoire a deux zéniths, l'un au XIIIᵉ et l'autre au XVIIᵉ siècle. J'avoue même que le premier fait plus encore que le second vibrer en moi la fibre patriotique. C'est bien le génie franc dans toute sa pureté qui a produit nos gigantesques cathédrales, ce type architectural de la grandeur et de la poésie, Chartres, Reims, Amiens, Beauvais, St-Quentin et Notre-Dame de Paris ; les grandes abbayes filles de Citeaux et de Cluny ; et ces rangées d'anges et de saints, statues si graves et si pieuses qui en ornent les portiques ; et les châsses des martyrs, chefs-d'œuvre d'orfévrerie, et les miniatures des missels et des légendes.

C'est bien de l'esprit français que découle la prose joyeuse et fine de Villehardouin et de Joinville et la poésie chevaleresque et généreuse du Roman de Roncevaux et des épopées du temps.

La gloire du XVIIe siècle est moins purement nationale. Est-ce un réveil de la race gallo-romaine et une prédominance de cet élément premier de la population? est-ce le résultat de l'étude, l'influence des Médicis et comme une conquête intellectuelle de la France par l'Italie ? Toujours est-il que Rome et la Grèce ont leur part de l'honneur qui revient au grand siècle français. J'ai dit leur part, car ce ne sont pas de simples copistes, mais aussi de glorieux créateurs que Corneille et La Fontaine, Bossuet, Racine, Boileau, Molière, Claude Perrault, Lesueur, Le Poussin, Mansard et Le Nôtre.

Oui, ô France, j'aime ta belle nature, tes arts, ton génie et ta gloire. Ce sont là des dons de Dieu, auxquels je tiens et que je défendrais autant qu'il en serait besoin.

Mais mon regard porte plus haut encore. Tu as d'autres attraits qui me captivent bien davantage. Tu es une nation baptisée ; tu es une nation d'élite parmi les nations chrétiennes. J'ai vu de près des peuples qui n'ont pas reçu ce don de Dieu ; et j'y ai vu régner, à côté de quelque épanouissement de la raison et même de l'art, l'esclavage, le vol et la corruption.

Toi, ô France, tu as été des premières parmi les nations qui ont répondu à la vocation du Christ, de celles qu'il a comblées de bienfaits, de celles à qui il a donné la civilisation, la justice, la paix et l'honneur en leur demandant en retour et pour leur propre avantage de recevoir la loi évangélique, de l'accepter, de l'embrasser, de la faire entrer dans leurs lois, dans leurs mœurs, de la défendre au besoin et d'assurer sa liberté.

Et parmi toutes les nations aimées du Christ et bénies dans le Christ, n'as-tu pas été la plus aimée et tout particulièrement bénie ?

Le sang des martyrs est comme le baptême d'une terre. N'as-tu pas été arrosée du sang de Denis de Paris, de Pothin de Lyon, de Symphorien d'Autun, de Quentin et de tant d'autres ?

J'aime dans une nation la sagesse des évêques, la science des docteurs, la sainteté des vierges. N'es-tu pas la patrie d'Hilaire et d'Irénée, de Martin et de Remi, de Geneviève et de Jeanne d'Arc, de François de Sales et de Vincent de Paul ?

Trois grandes épreuves ont ralenti dans le cours des siècles la marche triomphale de l'Eglise, l'arianisme qui niait la divinité de Jésus-Christ et qui occupait la moitié de la chrétienté ; le mahométisme qui imposait par le cimeterre la superstition et le fanatisme et qui s'avança jusqu'aux portes de Rome ; enfin le protestantisme qui, descendu du nord, menaçait d'envahir toute l'Europe chrétienne.

Je me sens incliné à aimer la chevaleresque nation que je verrai en ces luttes suprêmes la première à combattre pour le royaume du Christ.

J'ouvre l'histoire : à la tête des défen·seurs de l'Eglise, je trouve la France. Avec Clovis, elle refoule les peuplades ariennes. Avec Charles-Martel, elle écrase le maho·métisme à Poitiers. Non contente de l'avoir chassé de son sol, elle va le frapper au cœur. Les croisades naissent aux champs de Vezelay et de Clermont. Elles sont si françaises par leur esprit et par leur caractère, qu'en tout l'Orient le nom de Francs est resté pour désigner tous les enfants de l'Europe.

Vient enfin le protestantisme. Il est bientôt accepté par les cours débauchées du nord, et à prendre les choses humainement on se demande ce que serait devenue l'Eglise si la France aussi était tombée. Mais le Christ vivait au cœur des Français. La nation ne consentit point à s'en détacher et le peuple le plus aimant n'accepta le plus aimable des rois qu'après qu'il eût abjuré l'hérésie.

Mais, dans cette revue des siècles, j'oubliais un point capital. Le Christ a donné à son Eglise un chef visible qui le remplace, un chef qui nous donne la vérité sans mélange, avec l'assistance divine et qui nous dirige dans la voie du salut. Tous les enfants de l'Eglise ont à cœur l'indé-

pendance de leur chef spirituel. Cette indé
pendance était menacée au VIIIᵉ siècle par
les rois lombards. La France vola au
secours du chef de l'Eglise, et Pépin et
Charlemagne assurérent sa légitime liberté. Et depuis, cette liberté sacrée, la
France a veillé à sa garde et la défend
toujours par ses armes, par son sang, par
son or et par sa parole.

Je passe sur les défaillances et les apos-
tasies momentanées ; je pourrais éveiller
des susceptibilités ombrageuses et co serait
mal à propos dans une fête scolaire.

Je dois dire cependant que la France
moderne retient mon affection et me séduit
encore par la vitalité inextinguible de sa
foi et de son prosélytisme, et par le réveil
toujours spontané de son cœur et de sa
charité.

Que celui-là doute de l'avenir de la
France qui doute du cœur de son Dieu.

Pour moi, j'espère en Celui qui a dit à
une grande coupable : « Il t'est beaucoup
pardonné, parce que tu as beaucoup aimé ».
Et je ne doute pas que le Christ n'aime
encore — dût-il châtier beaucoup pour le
montrer — la nation qui, chaque jour, lui
prouve encore son amour ; la nation qui
plus que toute autre est ingénieuse à nour-
rir et vêtir le Christ dans la personne de
ses pauvres ; la nation qui lutte avec elle-
même depuis cinquante ans pour donner à
tous ses enfants l'enseignement chrétien
(dans cette lutte, hier encore, ces dix justes
n'étaient-ils pas deux millions); la nation
enfin qui garde une fécondité merveilleuse
d'apostolat, et qui jette en ce moment

même ses prêtres au milieu des régions inhospitalières de l'Afrique centrale comme une semence de chrétiens destinée à mourir bientôt pour produire un germe nouveau.

II

Cette patrie aimée, chers enfants, votre devoir est de la servir généreusement. Ce n'est pas seulement un enthousiasme factice et variable qu'elle attend de vous, c'est un noble et austère dévouement, c'est un labeur constant et assidu.

Vous lui devez le service de la prière, et qui le lui donnera si ce n'est vous, qui êtes, par vos familles et par votre éducation, de la race des hommes qui prient ? Vous lui devez l'exemple et la pratique de la foi dans nos temples, dans nos prières solennelles, dans nos manifestations destinées à affirmer au grand jour les croyances d'un grand peuple.

Vous lui devez une vie forte, une vie d'hommes de caractère et de travail.

Les carrières ouvertes à l'activité humaine sont diverses : l'un produit, l'autre échange ; celui-ci administre, juge ou gouverne ; cet autre défend la frontière menacée ; cet autre encore développe les sciences, invente des instruments nouveaux, fait des livres, des tableaux, des œuvres d'art.

L'âme de toute carrière, le principe qui l'honore et la féconde, c'est le vrai courage qui se témoigne par un effort prudemment médité et noblement soutenu.

Vos devanciers de l'enseignement chrétien sont l'espoir et le salut de la France.

Sans doute, ils n'ont pas tous répondu à l'attente de Dieu et de leurs maîtres, quelques-uns se sont arrêtés aux vanités et aux folies du monde et leur vie passée avec un reste de foi suffisant peut-être pour leur propre salut est devenue à présent stérile pour la patrie.

Beaucoup se préparent dans le silence du travail et reprennent les traditions chrétiennes dans les administrations, dans l'armée, dans la magistrature et dans l'industrie.

Il y en a qui sont mêlés à la vie politique et non sans éclat. D'autres se révèlent dans nos congrès d'économie charitable, comme des sauveurs qui nous rapportent le secret perdu de la paix sociale et de l'union du travailleur et du patron.

Vous les suivrez dans ces carrières.

Vous servirez la patrie dans l'agriculture ou l'industrie, dans les lettres ou les arts, dans la guerre ou l'apostolat.

Si vous êtes à la tête d'un groupe de travailleurs, vous chercherez la solution chrétienne de la grande question sociale. Vous trouverez des devanciers et des modèles.

Il y a quinze jours à peine, le glorieux Pontife Léon XIII, dans un bref qui nous montre sa haute sagesse et son zèle pratique, signalait aux patrons avides de dévouement le noble exemple des frères Harmel du Val-des-Bois.

Si vous suivez la carrière des lettres, vous trouverez encore dans nos universités catholiques (que Dieu conserve !) une direction à vos généreux efforts et une atmosphère de paix et de lumière surnaturelle admirablement favorable au travail.

S'il ne vous est pas donné de produire de vos mains des chefs-d'œuvre d'art national, vous saurez de vos dons prodigues encourager le grand art religieux qui renaît.

Est-il le moins patriote de la cité, le mécène chrétien qui sait faire renaître, pour ainsi dire, notre splendide basilique, découvrir sous la poussière qui la voilait, et montrer aux yeux étonnés et ravis un des plus glorieux monuments de l'art national ?

Si la patrie a besoin de votre sang, vous avez encore des modèles dans l'enseignement chrétien.

Dans les autres carrières, vos devanciers arrivent seulement à l'épanouissement complet de leur mérite.

Il est délicat de faire l'éloge des vivants ; il est facile de parler des morts.

Dieu a voulu déjà cueillir quelques fleurs choisies en ce champ de l'éducation chrétienne.

Les événements providentiels de la dernière guerre en ont été l'occasion. Ouvrons-en les annales. Les élèves des institutions catholiques en remplissent les plus belles et les plus glorieuses pages.

C'est d'abord ce bataillon d'élite des volontaires de l'Ouest, que nous avons eu le bonheur de connaître et d'apprécier pendant un long séjour à Rome.

Si l'idéal du patriotisme religieux s'est

quelquefois réalisé, c'est bien parmi ces nobles enfants de la France.

« Il faudrait, disait un général, remonter jusqu'aux croisades pour trouver des gens de guerre d'une telle nature. Leur bravoure éclatante, leur dévouement silencieux, leur attitude fière et respectueuse faisaient l'admiration de l'armée. » L'ennemi les redoutait en les admirant aussi.

Le combat de Loigny aurait suffi pour immortaliser un régiment de ligne. Les zouaves pontificaux y furent héroïques. Ils étaient 350 seulement et 207 restèrent sur le champ de bataille.

Le 10 janvier, près du Mans, les zouaves se distinguèrent encore. Le général Gougeard, passant le soir devant leur front de bataille, leur dit d'une voix retentissante : « Zouaves, vous êtes des braves, vous avez aujourd'hui sauvé l'armée. »

Lorsque, au mois d'août 1871, les zouaves pontificaux furent licenciés, le ministre de la guerre leur adressa un ordre du jour où se lisent ces mots: « L'armée vous remercie par ma voix. »

Mais laissez-moi faire passer devant vos yeux quelques-unes de ces héroïques figures décrites dans les notices publiées par les colléges ecclésiastiques ou congréganistes de Besançon, de Nîmes et de Toulouse, et par l'école Sainte-Geneviève de Paris.

Voici d'abord Emmanuel de Beaurepaire, élève de l'école Sainte-Geneviève, lieutenant au 67e de ligne, l'une des premières victimes de la bataille de Forbach.

Il lisait habituellement la *Vie dévote* de

Saint-François de Sales, récitait le chapelet et s'approchait de la table sainte aux principales fêtes. Vous êtes tentés de penser que ces dévotions s'allient mal avec l'esprit militaire. Le général Ducrot, à la suite d'une inspection, appréciait ainsi Emmanuel : « Jeune homme instruit, connaissant son métier, ayant d'excellentes manières, officier d'avenir. » Une balle a jeté au tombeau l'avenir de ce brillant officier, mais son âme est au ciel dans la légion des martyrs du patriotisme chrétien.

De la frontière, Emmanuel écrivait à sa sœur : « Comme il faut être toujours prêt, vous saurez, ma chère Pauline, que chez le brave curé de Mourmelon, j'ai fait passer mon linge sale au blanc avant de quitter le camp. Maintenant les malles sont bouclées et, s'il le faut, je suis prêt à prendre le billet du grand voyage sans train de retour. » Jésus-Christ le lui donna, ce billet, après la communion qu'il fit de nouveau le 5 août. Un chef d'escadron d'état-major a dit d'Emmanuel : « Dans notre métier et surtout en campagne, en face de la mort, ces jeunes hommes, qui ne comptent pas seulement avec la récompense, mais bien avec leur conscience, sont les seuls capables de faire complètement bien jusqu'au bout. »

Le capitaine Henri de Falaiseau, autre élève de l'école Sainte-Geneviève, fut frappé d'une balle dans un des derniers combats de la malheureuse armée de l'est, le 29 janvier 1871.

Avant la guerre il écrivait : « Deve un

un militaire brave comme la lame de son épée, chrétien comme ces hommes d'ancienne roche, d'une moralité exemplaire, voilà l'idéal que je poursuis et qui remplit toutes mes espérances. »

Et pendant la campagne : « Comme pratiques religieuses, je suis assidu à faire mes prières du matin et du soir ; je lis à peu près chaque jour un chapitre d'*Imitation*. Bien va sans dire que j'entends la messe le dimanche ; je m'approche assez souvent de la sainte table. »

Mort, on trouva sur lui ses médailles son scapulaire et *l'Imitation*. Et le chef d'état-major écrivit : « La France perd un vaillant officier ; ses chefs viennent de faire sur lui un rapport qui le fait encore plus regretter, si cela est possible. »

— Le capitaine Renaud de la Frégeolière était ancien élève de St-François-Xavier de Vannes. A la bataille de Bapaume, il fit l'admiration de ses marins.

Les projectiles pleuvaient autour de lui ; il se confesse sur le champ de bataille et prenant la main du prêtre : « Merci ! mon bon père ; ma mère sera contente. Elle est si pieuse, ma mère ! » Après cela, entendez-le crier à ses héroïques marins : « Allons, les enfants, en avant ! C'est Dieu qui nous guide. » La cavalerie ennemie les enveloppe : « Prisonniers, marins, prisonniers. » — « Marins, on ne se rend pas, répond Renaud. Vive la France ! »

Qui ne veut pas se rendre doit mourir : Renaud est mort, laissant à sa patrie l'espérance du fruit de son sacrifice.

— J'en pourrais citer cent qui tous ont

brillé d'un vif éclat parmi l'élite de la France.

Voilà les fruits de cette sève de patriotisme que vos aînés ont puisée dans l'enseignement chrétien.

Ah! chers enfants, n'oubliez jamais que l'Eglise est la grande école du patriotisme. Je vous ai montré l'an dernier en elle la vraie source du progrès dans les lettres et dans les arts.

Aimez l'Eglise. Salomon a aimé la Sagesse et Dieu lui a donné comme récompense les richesses et la gloire au point qu'il surpassait tous les rois.

Jésus-Christ a dit : « Cherchez d'abord le règne de Dieu et le reste vous sera donné par surcroît. » Saint-Paul a dit : « Le Christ est venu restaurer toutes choses au ciel et sur la terre. »

Ces bienfaits apportés par l'Eglise de Dieu sont éclatants surtout dans leur premier épanouissement.

Chez les peuples nouveaux tout vient de l'Eglise. Chez les peuples anciens tout à été restauré par l'Eglise, après que tout était retombé dans la barbarie à la suite de la demi-civilisation païenne.

Je veux vous donner pour terminer deux témoignages bien curieux et irrécusables.

Ecoutez. Voici d'abord le docteur Livingstone au retour de son expédition dans l'intérieur de l'Afrique centrale :

« Il y avait autrefois, dit-il, à dix ou douze lieues au nord d'Ambaca, dans le Congo une mission appelée Cahenda, et le nombre des individus qui, dans la province, savent lire et écrire est vraiment extraordinaire. C'est là le fruit des travaux des missionnaires jésuites qui furent les apôtres de cette population ; et depuis leur expulsion par le marquis de Pombal les indigènes ont continué à s'instruire les uns les autres. Ces hommes dévoués sont encore aujourd'hui en grande vénération. Tout ce monde en parle avec honneur. On les nomme encore de leur nom portugais *los padres jesuitas.* » (Exploration dans l'intérieur de l'Afrique centrale par le docteur Livingstone. (C. XIX.)

Voici maintenant au sujet de la France le témoignage irrécusable du protestant Guizot : « Pendant trois siècles les monastères seuls possédaient des bibliothèques ; c'est par là que les lettres se sauvèrent de la ruine qui les menaçait.... L'esprit humain proscrit, battu de la tourmente, se réfugia dans les églises et les monastères. Il embrassa les autels, pour vivre sous leur abri et à leur service jusqu'à ce que des temps meilleurs lui permissent de reparaître dans le monde et de respirer en plein air. »

Ce que M. Guizot dit ici des lettres il le dit ailleurs de l'agriculture et des arts.

Il est certain que l'Eglise et les moines ont fait la France et sa civilisation.

Maintenant, mes enfants, je vous laisse juges. Qui est vraiment patriote, des catholiques qui vénèrent l'Eglise et veulent poursuivre sous sa direction l'œuvre de la restauration sociale, ou des hommes qui montrant moins d'intelligence et de cœur que les populations angolaises de l'Afrique centrale, voudraient honnir cette église leur mère et maîtresse, et remonter jusqu'au paganisme le courant de la civilisation ?

Je le sens, votre cœur proteste contre l'ingratitude et votre raison a saisi la vérité. Vous unissez dans vos respects et dans votre amour l'Eglise et la patrie. La patrie française sans l'Eglise serait sans passé, sans histoire, sans honneur et sans espérance. Il nous resterait Vercingétorix les Dolmens et les Druides, ou peut-être Mercure, Vénus, Brutus, Sénèque et Néron. — Merci. J'aime mieux la France de Charlemagne, de Louis IX et de Louis XIV; la France de Racine et de Bossuet; la France de Martin de Tours et de Vincent de Paul; la France de la Vierge Marie et du Christ.

ALLOCUTION

DE

M. L'Archiprêtre

M. LE SUPÉRIEUR,

MES CHERS ENFANTS,

En me chargeant de suppléer à son absence si regrettée, dans cette solennité scolaire, Mgr notre Evêque a voulu que je vous exprime sa vive sympathie, ses félicitations bien sincères pour vos succès récents dans les examens du Baccalauréat, et, comme gage de sa bienveillance, il vous a envoyé ce *Prix* magnifique, décerné tout-à-l'heure, don spontané de sa généreuse et paternelle sollicitude. Interprète des sentiments de Sa Grandeur auprès de vous, je vous promets, par un juste retour, de l'être aussi de vos sentiments auprès de Sa Grandeur, et, aussitôt que possible, j'exprimerai à notre Pontife vénéré votre profonde reconnaissance et vos sincères regrets.

I

MES CHERS ENFANTS,

C'est un noble et magnifique sujet que celui du *Patriotisme chrétien*, et il a été traité par votre intelligent et vénéré Supérieur avec cette hauteur de vues, cette distinction de langage et ce souffle d'éloquence que les maîtres dans l'art d'écrire appellent le souffle de l'âme, ou le feu sacré. Glorieuse assurément et belle est la Patrie terrestre, avec sa religion, sa nationalité, son histoire, avec ses traditions, ses coutumes séculaires, avec la succession de ses splendeurs et de ses triomphes. Belle encore et chère elle est à nos cœurs, avec la vénérable et auguste majesté de ses épreuves et de ses tristesses. Car on aime sa patrie, a dit le philosophe païen Sénèque, non parce qu'elle est grande et heureuse, mais parce qu'elle est la patrie. *Non quia magna, sed quia patria.* Et que cette patrie s'appelle la France, la terre de la fidélité et de l'honneur, de l'initiative généreuse et du dévouement désintéressé, la terre de la littérature, du génie, de la science, de l'industrie, la terre des œuvres charitables et des luttes catholiques, oh! alors, on n'a pas assez d'émotions au cœur, pas assez de paroles aux lèvres, pour protester énergiquement de son filial et inaltérable amour.

Aussi combien sont énervantes et antisociales ces doctrines, nées de nos jours, qui voudraient étendre à l'univers entier le nom de patrie, et remplacer l'amour du sol natal, des traditions et des gloires nationales, par l'amour général et universel de l'humanité. Énervantes et antisociales : en effet, elles brisent les ressorts qui rendent les volontés privées capables de grandes choses ; elles nuisent aux intérêts particuliers des peuples, sous prétexte d'un intérêt général spéculatif et éphémère. Combien sont fausses encore et inconsi·dérées ces assertions qui prétendent qu'on ne saurait allier ensemble, l'amour de la religion et l'amour de la patrie, et que dans une poitrine de catholique ne saurait battre un cœur de citoyen. L'histoire des temps anciens et l'histoire des temps nouveaux nous montrent que la pratique de la religion a toujours été jointe à la pratique du courage, et que l'énergie du devoir, la fidélité du dévouement, la sainte générosité du sacrifice, ont été même spécialement le partage des hommes religieux. Depuis le peuple Juif, ce vieil ancêtre du peuple Chrétien, trouvant dans sa foi le secret de défendre, au prix des luttes les plus héroïques, le modique coin de terre que la Providence avait départi à ses pères, jusqu'aux luttes gigantesques de la Pologne Catholique, résistant tour à tour à l'infidélité, au schisme et à l'hérésie, et ne tombant enfin qu'après des efforts désespérés et par suite d'une complicité odieuse, l'histoire des peuples nous atteste que la religion et le patriotisme ont marché, par les siècles, toujours inséparables et toujours unis. « *Pro aris et focis*, disaient les vieux païens : pour les autels et pour les foyers. » C'est ainsi qu'à leur tour ils comprenaient l'amour uni de la Religion et de la Patrie.

II

Mais, mes enfants, l'amour de la patrie, comme tout amour noble et généreux, ne naît et ne se développe en nous qu'au prix de la *lutte* et du *sacrifice*.

Il faut savoir lutter contre soi-même, contre sa nature ; il faut savoir se faire violence ; il faut s'habituer à se renoncer.

Toutes les fois qu'il s'agit de manifester notre courage et notre dévouement, même pour le simple accomplissement du devoir, la lutte est nécessaire. Nous sentons intérieurement des mollesses et des résistances ; nous avons des défaillances et des affaissements. La force égoïste se dresse en nous, presque toujours triomphante, en face des défaillances de notre cœur et de notre volonté, et nous ne faisons le bien qu'avec peine, avec efforts, la sueur au front. Avez-vous vu la sueur au front du soldat couvert de poudre et de poussière, qui combat pied à pied l'ennemi du sol natal, malgré la fatigue qui l'oppresse et les blessures qui l'atteignent ? L'avez-vous vue au front du laboureur courbé sur les sillons de ses champs, au front de l'homme de science et de l'homme de génie qui, pour l'amour de leurs semblables , se consument à la recherche d'une expérience utile ou d'une vérité féconde ? L'avez-vous vue au front de ces hardis navigateurs qui s'en vont, à travers les flots soulevés, découvrir un monde nouveau, et peut-être au retour, ne recueilleront qu'indifférence et ingratitude ? Pour se donner, pour se dévouer aux autres, il faut l'effort continuel de la volonté contre les passions énervantes ; il faut la lutte.

C'est ici l'application d'une grande loi divine, que la sagesse païenne a elle-même proclamée, quand elle a dit par un de ses poètes : Rien n'est donné à l'homme sans un grand travail : *Nil sine magno vita labore dedit mortalibus.* Et Ovide n'a-t-il pas ajouté, versant sur les faiblesses et sur les défaillances de l'humanité ses pleurs immortels : Je vois le bien et je l'acclame ; et néanmoins je fais le mal. *Video meliora proboque; deteriora sequor.* Paroles étonnantes, que l'apôtre St-Paul répétait presque mot pour mot, au commencement du Christianisme, sans qu'on puisse pourtant l'accuser de n'en être qu'un écho : *Le bien que je veux, je ne le fais pas; le mal que je hais je l'opère... Une loi en moi répugne à une autre loi ;... Malheureux homme que je suis !*

Toutefois le Christianisme, qui nous fait mieux connaître cette grande loi divine, et qui l'explique par le mystère de notre déchéance première, nous indique aussi les secrets desseins de Dieu et les moyens de les accomplir. Malgré les défaillances de notre nature, nous gardons quelque chose de notre antique grandeur, et nous sommes encore propres à faire le bien. Dieu a jugé plus digne de lui et de nous qu'il y eût ici-bas des luttes, pour amener les triomphes de la vertu. Il a trouvé, même après notre chute, que nous étions d'assez nobles créatures pour ces grandes et fortes épreuves. Et en même temps il nous aide pour nous faire garder les lois qu'il nous donne. Il nous soutient, il nous fortifie, il nous mène de sa main au milieu de nos luttes. C'est ici l'explication des victoires continuelles que remportent, même dans l'accomplissement des devoirs naturels, les hommes qui s'appuient sur Dieu et sur la religion.

III

Il faut lutter pour se dévouer ; j'ajoute, mes enfants, qu'il faut aussi *se sacrifier*.

La lutte est déjà elle-même un sacrifice ; mais elle n'est que le commencement des sacrifices qui peuvent nous être demandés. Le sacrifice, ce n'est pas seulement la lutte contre soi, et le combat contre ses penchants mauvais ; c'est la mort à soi, à ses inclinations, à sa volonté, la mort à ses passions, à ses désirs de jouir, la mort à tout ce qui est nous, mort sans laquelle nous ne pouvons être vraiment dévoués à la patrie ou à nos frères.

L'apôtre St-Paul, prenant une comparaison de la nature physique, nous dit : « Si le grain, tombé à terre, ne meurt point, il demeure dans sa solitude égoïste ; mais s'il vient à mourir, alors il devient fécond, et il fait sortir de la mort la puissance de sa fécondité. » Cette loi, qui s'accomplit dans le monde physique, a dans la nature humaine sa réalisation infaillible. Veut-on servir vraiment la patrie ou ses frères ? il faut sortir de soi, il faut se sacrifier. Il faut passer, pour ainsi dire, du pôle de l'égoïsme au pôle du sacrifice. Il faut renoncer, ou être prêt à renoncer, s'il est nécessaire, à toute jouissance. à la vie commode, au plaisir. Le plaisir affadit l'homme, puis le brise ; le sacrifice seul le rend fort et vigoureux. N'est-ce pas au milieu des plaisirs et des délices de Capoue, que le fier Annibal et son armée s'énervèrent ; et les soldats de Rome, devenus plus vigoureux par le sacrifice, n'eurent-ils pas, aprés Cannes, leur revanche glorieuse ?

On rapporte qu'un jour, sur un Forum de la Ville éternelle, au temps du paganisme, un grand abîme s'entr'ouvrit, et l'oracle annonça que le gouffre béant demandait une victime. Un jeune chevalier se présenta, prét à s'y précipiter. Il s'y jeta en effet, lui et son cheval, et disparut dans l'abîme, qui se referma sur la tête d'un sacrifié. Si ce trait appartient à l'histoire, il y a là une grande leçon ; si c'est une fable, elle nous peint une grande image. La patrie souvent ne peut ètre défendue, nos fréres, nos foyers, ne peuvent être protégés que par de grandes victimes.

L'histoire serait longue de ces dévouements libérateurs, qui se sont manifestés à travers les siècles pour sauver la patrie et l'humanité. Ici l'orient comme l'occident, les sociétés antiques, même païennes, et les sociétés chrétiennes, se rencontrent dans un même témoignage. La Judée vous crie Moïse, Gédéon, Matathias, Judas Macchabée ; la Grèce éveille les échos endormis des Thermopyles et vous crie Léonidas ; Rome chrétienne vous crie ses martyrs, ses papes, qui tant de fois ont sauvé la civilisation, l'arrachant à la barbarie ; la France vous crie Charles Martel, Charlemagne, St-Louis, Jeanne-d'Arc ; a-t-elle même besoin de citer quelques noms ? son nom seul est synonyme de dévouement et de sacrifice.

Ce qui fait la beauté du dévouement, du sacrifice, c'est qu'il est puissant et fécond de sa nature. Il a suivi sa route au milieu de la douleur ; il a marché de privations en privations, de souffrances en souffrances. Mais, arrivé au but, il peut se retourner et interroger : les louanges et les bénédictions s'élèvent sur ses pas. Il a concouru à la gloire de la patrie ; il a consolé les souffrants, pansé les blessés ; il a répandu autour de lui le bien et la vérité ; il peut être heureux et se féliciter ; son bonheur se multiplie de la joie qu'il trouve en lui même, et de la joie, du bonheur, qu'il cause à ses frères.

Mais l'égoïste, qui ne sait ni lutter, ni se sacrifier, n'aboutit et ne peut aboutir qu'à l'impuissance et la stérilité. Il s'est agité beaucoup et il a parlé beaucoup. Peut-être a-t-il amassé satisfactions sur satisfactions, jouissances sur jouissances. Ses satisfactions et ses jouissances ne sont que vanité et inutilité. Il n'a rien fait pour son pays, pour ses frères, il est même impuissant à faire quelque chose. Vienne en effet le moment du danger ; que sonnent les clairons de la guerre ou qu'apparaissent les horreurs d'un terrible fléau. La guerre, les fléaux sont à l'occident ; il se sauve, lui, s'il le peut, à l'orient. Le voilà bien à l'abri, bien protégé, peut-être avec cela pourvu d'or ; et il est content. Et alors se présentent les vrais dévoués, les vrais sacrifiés, qui depuis longtemps se sont formés au courage, même à l'héroïsme, par la lutte et le sacrifice, noblement embrassés. Ils viennent, armés de leur cœur et de leur dévouement ; ils affrontent les difficultés, les périls, et ils les conjurent, en bravant, souvent même, en subissant la mort.

Mes enfants, vous êtes de ceux qui doivent être, au milieu de la société, des hommes de cœur et des dévoués ; car c'est la noble ambition de vos maitres de faire de vous de tels hommes, et de vous élever pour le bonheur de la patrie et pour le bien de vos frères. Rappelez-vous, les conseils qui vous sont si souvent donnés à cet égard ; souvenez-vous que la lutte et le sacrifice ne s'apprennent vraiment qu'à l'école de la vérité et de l'amour chrétiens. Selon que le dit St-Paul, saisissez le bouclier de la foi, *scutum fidei*, mettez à votre front le casque de l'espérance, *spem*, *galeam salutis*, chaussez vos pieds de la vérité divine, *calceati pedes in prœparatione Evangelii*, c'est-à-dire, appuyez-vous tellement sur cette vérité, qu'elle vous fasse rester fermes, sans jamais reculer ou lâcher pied dans les luttes contre vous-mêmes, contre vos passions, contre vos penchants mauvais. Et en même temps que vous vous formerez à la lutte, formez-vous aussi au sacrifice, afin d'être vraiment des hommes détachés et dévoués. Laissez aux désœuvrés et aux inutiles de la vie les plaisirs et les jouissances qui énervent et qui flétrissent; habituez-vous, et de bonne heure, à la privation, aux retranchements, au travail pénible, à la souffrance. C'est surtout l'amour de Dieu, mes enfants, qui produit ces grandes et fécondes immolations de nous-mêmes, cet amour, le plus saint et le plus fort de tous les amours, qui épure et ennoblit toutes nos autres affections, qui dilate notre dévouement, qui le transfigure, qui l'élève à la hauteur d'une vertu surnaturelle, d'autant plus féconde alors, dans ses relations avec la religion, avec nos frères, avec la Patrie.

www.ingramcontent.com/pod-product-compliance
Lightning Source LLC
Chambersburg PA
CBHW061147050726
47594CB00005B/2321